Vivir de otra manera es posible

Grupo **ROBIN BOOK**
Barcelona - México
Buenos Aires

Vivir de otra manera es posible

Regina Carstensen

Traducción de Ana María Andreu Baquero

Título original: Einfach Leben
© 2005, Carl Hanser Verlag München Wien
© 2009, Ediciones Robinbook, s. l., Barcelona

Diseño de cubierta e interior: Cifra
Fotografías de cubierta e interior: Istockphoto

ISBN: 978-84-9917-007-7
Depósito legal: B-30.448-2009

Impreso por Egedsa
Rois de Corella 12-16
08205 Sabadell (Barcelona)

Impreso en España - *Printed in Spain*

Índice

Introducción

La familia. El trabajo. La casa. Los amigos. Los compromisos sociales. Con demasiada frecuencia dejamos que nuestra vida trascurra de una obligación a otra mientras permitimos que sean los demás los que marquen nuestro ritmo, tanto en el ámbito laboral como en la esfera privada. «¡Por supuesto que me ocuparé de organizar la fiesta de cumpleaños!», decimos. «¿La reunión de antiguos alumnos? Claro. No te preocupes.» En la sociedad actual el tiempo se ha convertido en un bien de lujo hasta el punto que, si no aprendemos a tomarnos un descanso y a concedernos un respiro de vez en cuando, llega un momento en que las obligaciones cotidianas y nuestros innumerables compromisos acaban desbordándonos y provocando que tanto nuestro cuerpo como nuestro espíritu se resientan.

Ante semejante panorama, es evidente que sólo nos queda decir: ¡basta! Pero, ¿qué hay que hacer para conquistar un pequeño paréntesis en el día a día en el que podamos dedicarnos, simple y llanamente, a estar sin hacer nada? A todo el mundo le seduce la idea de llevar una vida feliz y relajada pero, ¿que hacemos con las obligaciones y los compromisos en los que nos vemos inmersos? En realidad nunca es demasiado tarde para saludar el día con una sonrisa. El objetivo de este libro es enseñarnos una forma sencilla pero efectiva la manera de encontrar el equilibrio y la felicidad en nuestras vidas a través de dos caminos: en primer lugar enseñándonos infinidad de trucos y consejos que nos permitan liberarnos de forma efectiva de todo aquello que nos estorba, no sólo en nuestra casa, en nuestro escritorio o en nuestras relaciones personales, sino también en nuestro espíritu. Al fin y al cabo, cuanto más sencilla sea nuestra vida, más posibilidades tendremos de apreciar las cosas que de verdad importan y aprender a intercalar en nuestra jornada pequeñas escapadas. En segundo lugar, *Vivir de otra manera es posible* nos proporciona una serie de pautas y estrategias para introducir en nuestra vida cotidiana pequeños paréntesis que sirvan de descanso a nuestros sentidos y que nos permitan aumentar nuestras reservas de energía y disfrutar de la vida.

Asimismo, es importante señalar que este libro pretende convertirse en una especie de fiel compañero que camina contigo en el día a día. Ésta es la razón por la cual cada apartado se centra en una determinada faceta de nuestras vidas, así nadie se llevará la impresión de que cada acción depurativa debe ponerse en práctica en ese mismo momento y completada en un determinado período de tiempo, lo que normalmente conllevaría que, tras los primeros resultados, acabáramos renunciando y abandonando así las buenas intenciones. De manera que ¡no te asustes! Este libro no está pensado, en ningún caso, para ser leído de principio a fin. La finalidad no es la de establecer un programa que deba ser seguido de forma estricta, sino más bien la de proporcionar una serie pautas que nos permitan deshacernos alegremente y con facilidad de todo aquello que nos estorba. Si lo deseas puedes abrir el libro de forma aleatoria y dejarte inspirar por los innumerables consejos y reflexiones que inundan sus páginas, o bien puedes recurrir al índice y buscar qué es lo que más necesitas en ese momento.

Por último me gustaría señalar que la mayoría de los consejos son el fruto de una serie de experiencias personales tristes y dolorosas, y desde aquí me gustaría dar las gracias de todo corazón a mi antigua compañera de trabajo Gerti Samel por sus sabios consejos.

Libera tu mente

«La cabeza es la parte del cuerpo que
con mayor frecuencia se interpone en nuestro camino.»
Gabriel Laub

Toma las riendas 1

Libérate de los sentimientos de culpa que no te dejan dormir, tanto los que te impones a ti mismo como los que nos inculcan los demás. Los remordimientos excesivos te impiden emprender una nueva vida. Una vez te hayas librado de ellos tendrás más fuerza para encontrar el **equilibrio entre el cuerpo y la mente**.

2 Di no a la negatividad

Aléjate de los amargados y pesimistas. Los pensamientos negativos **pueden ser tan contagiosos** como el virus de la gripe.

Sé consciente de tus limitaciones 3

Pretender demasiado de uno mismo no sólo es un error, sino que puede ser un serio obstáculo para el crecimiento personal.

4   Sé prudente
con tus comentarios

Procura no decir cosas de las que luego te puedas arrepentir.

Sigue tu propio camino 5

No intentes cambiar a los que te rodean. Deja que sean ellos mismos los que descubran una nueva forma de ver las cosas.

Siempre que puedas,
tómate un respiro

Olvídate de las maledicencias 6

Los chismes y habladurías entre amigos y compañeros de trabajo **obstruyen el cerebro** del mismo modo que los culebrones arruinan la programación.

7 Piensa en positivo

El vaso está medio lleno, **no medio vacío**. No hace mal tiempo, es que te has vestido con la ropa inapropiada.

Busca en tu interior 8

No dejes que los demás te llenen la cabeza de ideas absurdas y sigue los dictados de tu corazón.

9 Huye de la adulación

Un halago de vez en cuando puede resultar muy agradable, pero la búsqueda constante de aprobación supone un impedimento para encontrarse a uno mismo.

Sé tú mismo 10

No te dejes guiar por los buenos consejos que te dieron tus padres. **Aprende a buscar tu propio** camino.

11 Energía positiva

Ocurra lo que ocurra, procura empezar siempre el día con una sonrisa.

Alimenta los sentidos 12

Coloca sobre tu escritorio un jarrón con tulipanes de vistosas tonalidades y acompáñalo de un plato con naranjas y limones. Los aromas y colores **elevan el estado de ánimo** y aumentan la sensación de estar vivo, incluso en los fríos días de invierno.

Los aromas y colores elevan
el estado de ánimo
y aumentan
la sensación
de estar vivo

Sé consecuente 13

Puede que tengas innumerables razones para abandonar algo que venías haciendo desde hace tiempo, aunque también es posible que creas que no tienes que dar explicaciones a nadie. Lo verdaderamente importante es que te mantengas firme en tu decisión.

14 Rebélate

Rompe de una vez con las convenciones sociales. Si no te apetece acudir a la tradicional barbacoa de tu cuñada, no lo hagas. Aprovecha este pequeño gesto de rebeldía para quedarte en casa sin hacer nada, **si es eso lo que realmente te apetece.**

Aprende a poner distancia 15

Mucha gente se busca problemas donde no los hay sólo para llamar la atención. Si este es tu caso, mira a través de un calidoscopio o agita una de esas bolas de cristal que al sacudirlas se llenan de copos de nieve. La tranquilidad y el sosiego que trasmiten te ayudarán a soñar y a dejar volar tu mente.

16 Disfruta de las pequeñas cosas

Los sueños irrealizables y las grandes aspiraciones nos impiden ser felices con lo que tenemos y nos hacen **olvidar el gozo de los pequeños placeres** cotidianos. Sorpréndete a ti mismo haciendo algo espontáneo y diferente. Entra en una iglesia y enciende una vela por alguien especial, independientemente de que seas o no creyente.

Rompe con todo 17

Olvídate de lo que los demás esperan de ti o de lo que puedes hacer para agradarles. Cuando te sientas sobrepasado, aléjate de todo durante un par de días y concéntrate exclusivamente en tus propias necesidades. Sólo así averiguarás qué es lo que te hace sentir bien y **aprenderás a alejarte del mundanal ruido**.

18 El mejor momento

Anota en un trozo de papel tus preocupaciones más recurrentes. A continuación dóblalo y guárdalo en algún lugar apartado con la intención de afrontarlos más tarde. Desde la distancia hasta los asuntos más perturbadores acaban revelándose del todo intrascendentes.

Practica la asertividad 19

Sonríe mientras hablas por teléfono. Aunque tu interlocutor no pueda verte, te sentirás como si te estuvieras dirigiendo a un grupo numeroso de personas.

Sonríe mientras
hablas por teléfono

Valórate 20

Celebra **todos tus logros**, tanto los grandes como los pequeños: desde la organización de una reunión importante hasta la preparación de un delicioso plato a partir de una nueva receta.

21 Sé realista

Deja de construir castillos en el aire y **concéntrate** sólo en objetivos asequibles.

Sé condescendiente contigo mismo 22

Concédete permiso para cometer algún que otro error. Como dijo el inolvidable Charles Chaplin: «Me gustan mis errores. No quiero renunciar a la libertad maravillosa de equivocarme».

23 Arriésgate

Cométe alguna pequeña locura, déjate llevar, no te cortes, apuesta fuerte, cruza la línea, no tengas miedo, lánzate al vacío, **sigue adelante**, arriésgate.

Aroma celestial 24

Acércate a la panadería, compra una bolsa de panecillos recién hechos y sumérgete en su delicioso olor.

25 La práctica hace al maestro

No digas nunca: «Ya no tengo edad para esas cosas». Por lo general tras esta frase se esconde el miedo a emprender nuevos caminos. En estos casos detente unos segundos y escucha a tu corazón. Descubrirás que éste se siempre ensancha ante las nuevas aventuras, no importa la edad que tengas.

Con los pies en el suelo 26

No ambiciones alcanzar el Nirvana. Para la mayoría de nosotros es tan inaccesible como un aterrizaje en Marte. **Intenta amoldar tu vida** al sencillo marco que te ha sido dado.

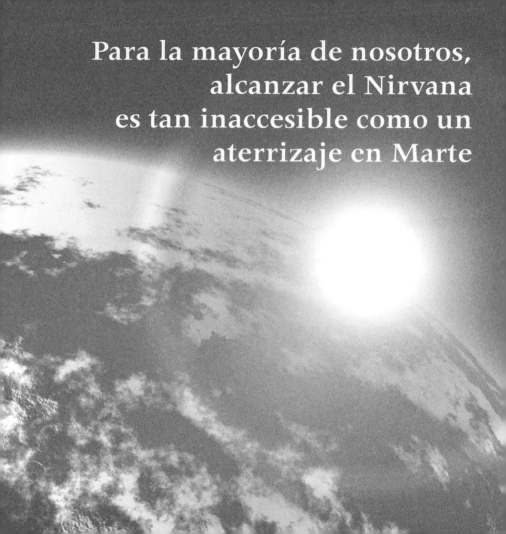

Para la mayoría de nosotros, alcanzar el Nirvana es tan inaccesible como un aterrizaje en Marte

Quiérete 27

¿Tienes tendencia a infravalorarte y a colocar a los demás en un pedestal? Deja de hacerte la vida más difícil y **concéntrate en tus propias virtudes**. Lo que realmente cuenta es perfeccionarlas y convertirse en una persona mejor cada día que pasa.

28 Dulces sueños

Aunque por razones de tiempo hayas dejado de hacerlo, **date el placer** de acostarte en una cama con las sábanas recién planchadas.

Realiza ejercicios
de respiración
para relajarte

29 Respira hondo

Siéntate cómodamente en una silla con la espalda recta y la cabeza erguida. Coloca la mano derecha sobre el vientre y la izquierda justo encima. A continuación inspira lentamente por la nariz mientras contraes el abdomen y desplazas el diafragma hacia arriba. Seguidamente relaja el músculo abdominal y espira lentamente. Repite el ejercicio dos veces.

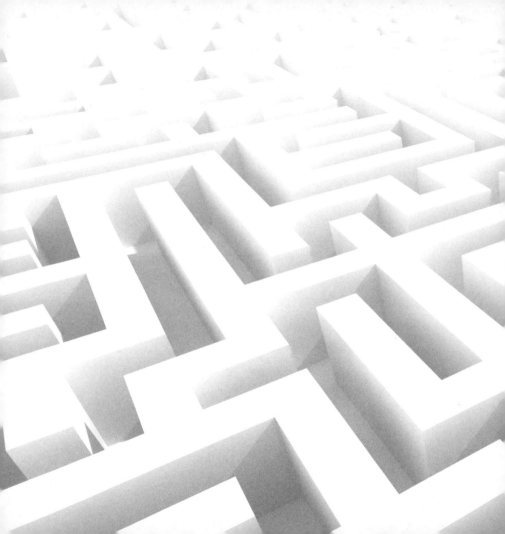

Tú y tus relaciones personales

«En ocasiones la mejor manera de encontrar
a una persona es alejarse de ella.»
HEIMITO VON DODERER

Disfruta de la soledad 30

Haz un hueco en tu apretada agenda y pasa al menos una hora al día a solas contigo mismo. Emplea este tiempo para hacer lo que te apetezca. Ve al gimnasio o limítate a observar el cielo a través de la ventana y a contemplar el vaho que forma tu propio aliento sobre el cristal.

31 Aprende a decir basta

Todos conocemos gente que nos saca de quicio, que nos critica continuamente o que, a pesar de pasarse la vida pidiéndonos cosas, nunca están cuando las necesitas. Estas personas nos roban la energía y acaban haciéndonos sentir tan vacíos como una batería exhausta. En casos como este hay que aprender a marcar límites, mantener la distancia y decir «no». **Todo vínculo personal debe basarse en el principio del dar y recibir**. Las relaciones unilaterales no llevan a ninguna parte.

Busca la paz interior 32

La próxima vez que tengas que enfrentarte a uno de esos compañeros de trabajo que tienden a tiranizar a los demás, practica el siguiente ejercicio: inspira profundamente y contén la respiración unos segundos mientras contraes los músculos abdominales. A continuación expira fuertemente por la nariz. Repite doce veces y habrás conseguido reunir la fuerza suficiente para mantener la calma.

33 La amistad verdadera

A naliza tus relaciones personales. Averigua qué te une a una determinada persona, qué aporta cada uno de vosotros a la relación y si entre vosotros son habituales las muestras de agradecimiento. Después olvídate de todos aquellos que no encajan en tu mundo. La vida es demasiado corta y valiosa para pasarla sufriendo por culpa de otros.

Libérate de la rabia 34

¿Estás furioso con alguien? **Realiza el siguiente ejercicio.** Colócate con el tronco ligeramente inclinado hacia delante, los puños contra la cintura y los codos hacia dentro. Con fuerza, lanza el puño derecho hacia el frente, relájalo y vuelve a la posición inicial. Realiza la misma operación con el otro puño y repite todo el ejercicio seis veces.

35 Discrimina y selecciona

Cuando conversas con alguien, ¿sientes que el otro toma en serio tus opiniones? ¿Te parece que te escucha con atención? ¿Consideras que puedes confiar en él? Reflexiona sobre las respuestas y decide si te conviene o no mantener el contacto.

Llama a un amigo
de verdad
y salid a tomar algo

36 Un brindis por la libertad

Si por fin has conseguido alejarte de una de esas personas que vampirizan tu energía, no dudes en celebrarlo. Llama a un amigo de verdad, salid a tomar algo y disfrutad de una copa, o de dos, o de tres…

Lo que más necesitas 37

Imagina cómo debe ser una amiga ideal, el jefe perfecto o la pareja de ensueño. ¿Cómo crees que te trataría? Visualiza determinadas escenas y situaciones en las que estas personas toman decisiones o establecen prioridades. De este modo averiguarás **qué esperas realmente de los demás** y cuáles son las cosas verdaderamente importantes de una relación.

38 Gestiona tu propia vida

Ni los amigos ni la pareja pueden solucionarte los problemas. No permitas que sean ellos los que te digan lo que debes hacer y **confía en encontrar las fuerzas en tu interior.** Cada vez que alcances un objetivo acércate al parque o a un bosque y planta un árbol o una pequeña planta.

Invierte en amor 39

Piensa bien si ese curso de formación o la visita a la feria son realmente necesarios. Si es así, explica a tu pareja los beneficios que te aportarán en el futuro e intenta compensar tu ausencia. Reserva el fin de semana siguiente para estar juntos y déjate llevar por los dictados de tu corazón.

40 Autoafirmación

No te tragues tu rabia. **Acostúmbrate a manifestar** claramente todo aquello que falla en tus relaciones personales.

Invítale a un viaje
en tren adonde
os conocisteis

41 El mejor regalo

Una de las formas más hermosas de recargar pilas es sorprender a tu pareja con espontáneas muestras de cariño. Invítale a un viaje en tren si es allí donde os conocisteis, enciérralo en el lugar donde os besasteis por primera vez y echa a volar un puñado de globos.

Fuerza interior 42

Intenta no encontrar justificación para todo y para todos. Esta actitud sólo hace que renuncies a ti misma.

43 Habla alto y claro

No dudes en expresar la decepción que te produce que el otro sólo desee alimentar su ego.

Rompe con las convenciones 44

Sé honesto contigo mismo y examina si hay relaciones que mantienes sólo porque crees que es eso lo que se espera de ti.

45 Sé tu propio juez

S i no aprendes a examinarte a ti mismo con espíritu crítico, jamás serás capaz de tomar las decisiones adecuadas.

Sé firme en tus convicciones 46

Si has manifestado tu opinión sobre algo, no te sientas obligado a pedir disculpas por ello.

47 Huye de las intrigas

No permitas que los demás te involucren en enredos y maquinaciones. **Sé fiel a ti mismo** aun cuando tengas la sensación de ser el único que no se presta a este juego perverso.

Nada es para siempre 48

El que en un momento de tu vida hayas elegido a alguien como amigo o como pareja, no significa que tengan que serlo indefinidamente. **No caigas en la trampa** de pensar que sólo te querrán y aceptarán a menos que les demuestres fidelidad eterna.

Acércate a la gente
que te proporciona
energía

Hazte valer 49

Deja claro a los demás que no estás dispuesto a convertirte en la víctima de aquellos que quieren **vampirizar tu energía**.

50 Elige bien tus amistades

No malgastes tu precioso tiempo en un gran número de personas, sino sólo en esas pocas que realmente lo merecen.

Expresa claramente
tu opinión, aunque al otro
no le venga bien

51 Hazte respetar

Expresa claramente tu opinión, aunque al otro no le venga bien. Es posible que la primera vez que lo hagas te sientas algo culpable, pero con el tiempo te darás cuenta que esta actitud hace que la vida parezca más sencilla.

Mens sana in corpore sano

«Más que un estado, la salubridad es una actitud
y ésta suele aumentar si se cultiva la alegría de vivir.»
SANTO TOMÁS DE AQUINO

Trátate con amabilidad 52

Busca un lugar en el que puedas practicar el recogimiento y donde nadie te moleste. Cuando hayas conseguido **eliminar de tu vida todo lo superficial**, dejarás de sentir que el tiempo se te escapa de las manos y los días te parecerán más largos.

53 Deja que las lágrimas fluyan

Los científicos han descubierto que las personas que menos lloran **presentan niveles más altos de la hormona del estrés.**

Cura antiestrés 54

¿Te despiertas pensando que preferirías quedarte en la cama? ¿En los últimos tiempos te muestras con frecuencia malhumorado? ¿Te resfrías con facilidad y sueles tener la nariz tapada? ¿Te han reprochado que últimamente estás demasiado susceptible? ¿Te cuesta olvidarte de los problemas? ¿Has experimentado una disminución del deseo sexual? Si has contestado que sí a la mayoría de las preguntas es el momento de tomarte un respiro. **Reserva un fin de semana en una casa junto a un lago** y date un paseo en una barca de remos.

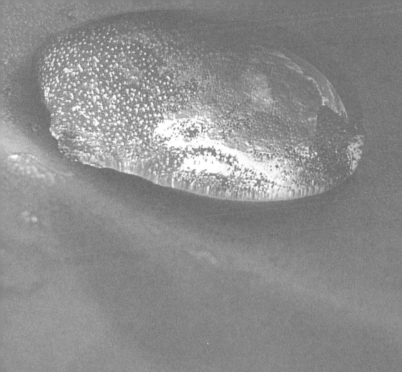

Quizá sea el momento
de tomarte un respiro

Como en los viejos tiempos 55

Los cuidados corporales constituyen una de las mejores técnicas de relajación, no en vano nuestras abuelas se cepillaban el pelo cien veces antes de acostarse. Si quieres combatir el estrés date un baño con esencia de melisa. Asegúrate que dura unos veinte minutos y que la temperatura del agua ronda los 38° C.

56 Yoga para liberar tu cuerpo y tu mente

S entada en el suelo en la posición del loto, tapa el orificio nasal izquierdo con el anular de la mano derecha e inspira lenta y profundamente mientras cuentas hasta cuatro. A continuación presiona el orificio nasal derecho con el pulgar y contén la respiración. Finalmente retira el dedo anular y expira lentamente mientras cuentas de nuevo hasta cuatro. Realiza de nuevo el ejercicio comenzando con el otro orificio nasal y repite todo el proceso entre cinco y diez veces.

Aparca las tensiones 57

Los pequeños rituales son la mejor manera de recuperar la armonía y la serenidad. Concédele un pequeño placer a tu cuerpo y a tu mente pasando una tarde en la sauna o en el salón de belleza o bien visitando tu cafetería favorita, uno de esos lugares en los que te sientes a gusto apenas entras por la puerta.

58 Sumérgete en la naturaleza

Date un paseo por el parque o **escápate al campo** al menos una vez a la semana. Liberarás endorfinas, tonificarás los músculos y estabilizarás la respiración.

Fuera miedos 59

No hay nada más perjudicial para la salud que el miedo a enfermar. No permitas que las últimas noticias sobre el mal de las vacas locas, los efectos perjudiciales del colesterol o las células cancerígenas te impidan disfrutar del placer de una buena comida.

Date un paseo
por el parque o
escápate al campo
al menos una vez
a la semana

Déjate llevar 60

No te compliques la vida ni pierdas tu tiempo dudando sobre lo que más te conviene. Olvídate de lo que dicen los demás y **confía en tu instinto**. Sólo tú sabes lo que realmente necesitas para relajar tu cuerpo y tu espíritu, ya sea una pastilla, una cura de choucroute o hacer el pino.

61 El aroma de la serenidad

Cuando están estresados, tanto el cuerpo como el espíritu reaccionan fácilmente a las sensaciones olfativas. Es por ello que un pequeño frasco de esencias **puede lograr efectos asombrosos**. Para estos casos los expertos recomiendan los aceites esenciales de manzanilla, lavanda, melisa, rosa o geranio.

Sácale partido al estrés 62

Todo el mundo sabe que mantener durante mucho tiempo altos niveles de estrés puede hacernos enfermar, pero en determinados casos también pueden convertirse en una especie de reto personal. Considera las situaciones complicadas como una oportunidad de establecer prioridades y realizar los cambios necesarios para huir del caos.

63 Regreso al pasado

¿**H**as eliminado de tu vida todas las cosas que considerabas superficiales y has conseguido reorganizar tu tiempo? Entonces ha llegado el momento de **recordar qué cosas te gustaba hacer** en el pasado. Redescubre tu ciudad como si fueras un turista, vuelve a escuchar ese programa de radio que tanto te gustaba o recupera la costumbre de ir al cine durante la sesión de tarde.

Pecados veniales 64

No hay nada más sencillo y placentero que cometer un pequeño pecadito. Quédate en la cama el domingo, pídete una pizza y vuelve a ver *Desayuno con diamantes*, con Audrey Hepburn. O si lo prefieres, sumérgete de nuevo bajo las mantas e imagina una noche estrellada.

Quédate en cama
y ponte de nuevo
*Desayuno
con diamantes*

El agua de la vida 65

Ingiere al menos dos litros de líquido al día. Te sentirás mejor y **tu cuerpo te lo agradecerá**. Y por supuesto, si es agua mineral, mucho mejor.

66 Ponte en marcha

Camina o corre hasta que el esfuerzo te haga sudar. Al principio pueden bastar cinco minutos diarios, verás como después tu propio cuerpo te va pidiendo un poco más.

Minerales para la salud 67

Asegúrate de que ingieres la suficiente cantidad de calcio y magnesio. Estos minerales fortalecen los nervios y tonifican los músculos.

68 Los alimentos de la felicidad

La fruta fresca, especialmente los plátanos, los frutos secos y las patatas ayudan a que el cuerpo produzca serotonina.

El despertar de los sentidos

69

Acude a un centro a recibir un buen masaje. El suave tacto de las manos contribuye a fortalecer el sistema nervioso central.

70 Disminuye el ritmo

Cuando te sientas desbordado, escucha las señales que te envía tu cuerpo y reduce la velocidad, **no quieras dar más de lo que tu cuerpo te pida**.

Alimenta tu espíritu 71

Intenta dar más importancia a lo que te dicta tu estómago. Baila a ritmo de salsa o prepara un sabroso pastel de manzana para ejercer un efecto positivo en tus sentidos.

72 Sabiduría oriental

Para liberarte de lo que te abruma y establecer distancia con los problemas del trabajo **aprende ejercicios de relajación** de doctrinas como el yoga, tai chi o chi-kung.

Mímate 73

Regálate periódicamente pequeños momentos de felicidad. **Camina descalzo por un prado** de hierba fresca o visita una biblioteca y hojea un libro antiguo encuadernado a mano.

74 Aléjate del mal tiempo

Las borrascas y bajas presiones no son sólo un fenómeno atmosférico, sino que también pueden aparecer en nuestras vidas. La mejor manera de disiparlas es no permitiendo que se instalen en nuestra mente de forma permanente.

No permitas que las bajas presiones se instalen en tu mente de forma permanente

Tu mejor aliado 75

Muchas veces somos nosotros mismos los que nos ponemos obstáculos en el camino que nos impiden llevar una vida equilibrada, como cuando dejamos que la envidia y la rivalidad nos bloqueen las energías que necesitaríamos para encontrar soluciones creativas.

76 Sé valiente

Cuando por miedo decidimos deliberadamente no avanzar, nunca conseguimos nuevas ideas.

Gestiona tu tiempo

«La gente que nunca tiene tiempo, suele ser
la que menos cosas consigue llevar a buen término.»
GABRIEL LAUB

Planifica 77

Elabora cada noche una lista de tareas para el día siguiente teniendo siempre presente cuáles son tus prioridades. Aun así, ten en cuenta que el mundo no se acaba porque no consigas llevar a cabo todas las cosas que consideras realmente importantes. La planificación de tareas puede ser muy útil, **pero no debe convertirse en un elemento de frustración** cuando no se consigue realizarlas todas.

78 Sé flexible

No programes el día entero. Deja algunos huecos libres en tu agenda por si surge algo inesperado. Reserva al menos un treinta por ciento del tiempo para los imprevistos, ya que **algunas tareas requerirán más tiempo del previsto**, o puede presentarse alguna visita inesperada.

Viva la espontaneidad 79

Nunca digas que no a una fiesta imprevista sólo porque habías planeado pasar el sábado remendado calcetines, cosiendo botones o despachando otros trabajos que pueden hacerse perfectamente en otro momento.

80 Sigue creciendo

E mplea cuarenta y cinco minutos al día en emprender nuevos retos que ayuden a mantener en forma tanto el cuerpo y la mente. Prueba con el aprendizaje de un idioma extranjero o iníciate en un nueva y difícil práctica deportiva.

Confía en tu propio cuerpo 81

Cada persona tiene su propio biorritmo. Dedica una semana a estudiar en qué momentos del día te sientes más activo y cuándo percibes que necesitas tumbarte un rato en el sofá. Realiza las tareas más importantes y agotadoras en tus períodos de mayor vitalidad y reserva los trabajos más rutinarios para cuando disminuyen las energías.

Emprende nuevos retos que ayuden a mantener en forma tanto tu cuerpo como tu mente

Organiza tus compromisos

82

Utiliza colores diferentes para apuntar en tu agenda todas las citas, tanto las personales como las laborales. De este modo te resultará más fácil poner orden en tu vida y no necesitarás confiar tanto en tu memoria.

83 Engañar al tiempo

Si tienes problemas para llegar a las citas con puntualidad, **adelanta diez minutos tu reloj de pulsera**.

Pequeños tesoros

84

Acumula breves períodos de tiempo como si se tratara de caramelos de crema, así podrás saborearlos en el momento adecuado.

Acumula breves
períodos de tiempo
como si se tratara de
caramelos de crema

La importancia de los logros 85

Aprende a valorar cada día en función de los resultados conseguidos, y no del número de tareas realizadas. ¿De qué sirve un exceso de actividad y agitación si no nos permite sacar nada en claro?

86 Preparados, listos... ¡ya!

Si no tienes ganas de hacer una determinada tarea, no pierdas el tiempo lamentándote o postergándolo. Márcate una señal de inicio, prepárate un café y ponte manos a la obra.

Relativiza 87

No restes importancia al tiempo empleado en determinadas tareas. Si tienes siempre presente de cuánto tiempo dispones y la forma en que lo distribuyes, **tendrás menos posibilidades de acabar apurándote**.

88 No malgastes tu tiempo

Deja de emplearlo en trivialidades y en cosas que realmente no aportan nada a tu vida.

Valora tu tiempo 89

Cuando te piden que hagas algo con lo que no contabas, no digas que sí a las primeras de cambio. **Tómate tu tiempo para reflexionar y sopesa los pros y los contras.**

90 Tu tiempo es tuyo

Preocúpate de reservar tiempo exclusivamente para ti en el que no tengas que cumplir con obligaciones, y sólo divertirte.

Establece prioridades 91

Seguramente hace tiempo que planeas dedicarte más a los amigos, leer un buen libro o ir regularmente al gimnasio, **pero siempre se queda en un puñado de buenas intenciones.** Valora cuáles son las cosas que realmente necesitas para sentir que tu vida vale la pena y procura delegar en otros todas aquellas que te roban tiempo.

Valora cuáles son las cosas que realmente necesitas para sentir que tu vida vale la pena

Aprende a delegar 92

No te sientas obligado a ocuparte siempre de comprar los regalos de cumpleaños de tu círculo de familiares y amigos y pide a tu pareja que se encargue durante los próximos seis meses.

93 Nuevas costumbres

No todas las conversaciones tienen que tenerse cara a cara. Decide cuándo es necesario mantener un encuentro personal y cuándo puede solucionarse con una llamada telefónica.

No te engañes 94

Deja de reducir una y otra vez tus horas de sueño para poder hacer más cosas. **Al final esta táctica acaba volviéndose en tu contra**, pues no solo reduce tu nivel de concentración, sino que acarrea una disminución de las defensas que podría hacerte enfermar.

95 Vive el presente

En ocasiones es inevitable dejarse llevar por la nostalgia, como cuando miramos una foto de nuestros tiempos de colegio o releemos las cartas de amor de nuestro compañero de banco. Los recuerdos pueden ser hermosos, pero deben ocupar sólo una pequeña parte de nuestras vidas, pues pertenecen a una época que hace mucho que debimos dejar atrás. En consecuencia ármate de valor y decídete a tirarlos a la basura de una vez por todas.

Limita tus arranques de ira 96

No es bueno reprimir la rabia y quedárselo todo dentro, pero tampoco hay que exagerar. No permitas que el disgusto por culpa del mal tiempo o por la impuntualidad de un amigo te dure más de cinco minutos. En la mayoría de los casos no está en tus manos resolverlo, de manera que no tiene sentido permitir que el mal humor te reconcoma.

97 Revitalízate

El bajón de energía que suele producirse al mediodía pasa rápidamente si te frotas durante quince segundos el lóbulo de la oreja. Para ello sujétalo entre el pulgar y el índice y masajéalo suavemente. De este modo estimularás los puntos de acupuntura y renovarás las energías.

Deberás tomarte pequeñas pausas que te permitan redescubrir el tiempo

98 El tiempo es oro

Si no quieres que se te escape de las manos sin apenas darte cuenta, deberás tomarte pequeñas pausas que te permitan redescubrir el tiempo y **recuperar energías**. Métete una fresa en la boca y deja que se deshaga lentamente o coge un diente de león y sopla varias veces hasta que todas sus semillas se dispersen en el aire.

El verdadero valor del dinero

«Tener suficiente es una suerte, pero tener más
de lo que necesitas es una desgracia. Este principio es aplicable
a casi todo, pero especialmente al dinero.»

LAO-TSE

Mantén el control 99

Por muy provinciano y pasado de moda que pueda parecer, acostúmbrate a llevar la contabilidad de todos tus gastos. Apunta la cantidad de dinero de que dispones a principios de mes, cuáles son los gastos fijos y cuánto gastas en el día a día. De este modo comprobarás si todavía dispones de cierto margen o si estás prácticamente al borde de la quiebra.

100 No te dejes engañar

Las supuestas gangas de los periodos de rebajas no son tan ventajosas como parecen, pues con frecuencia nos incitan a gastar más de lo que habíamos planeado. Antes de salir de compras establece la cantidad que deseas gastar y no te excedas nunca del límite que te has impuesto.

Examina tus gastos 101

Las vacaciones en la playa siguen siendo un sueño o se han convertido en una costumbre? Plantéate la misma pregunta sobre otras cosas que damos por hecho, como las innumerables suscripciones a todo tipo de revistas. **¿Realmente son necesarias?** Cancela todas aquellas que te parezcan superfluas y date de baja en las asociaciones y clubes a los que casi nunca acudes.

102 No todo se puede comprar

Piensa que nadie en el mundo tiene ni tendrá tanto dinero como para poder apoderarse de nuestra alegría de estar vivos.

Sé realista 103

No dejes que tu vida gire alrededor de un eventual golpe de suerte. Es inútil perder el tiempo pensando en una herencia que quizás tarde décadas en llegar.

104 Actúa

Revisa todos los gastos fijos. ¿Postergas una y otra vez la cancelación de ese seguro que realmente no necesitas? No esperes más y hazlo inmediatamente.

Un granito de arena 105

Ahorra algo de dinero todos los meses, aunque sea sólo una pequeña cantidad. Por insignificantes que parezcan, las **pequeñas aportaciones a tu cuenta bancaria** acabaran convirtiéndose en una suma considerable con el pasar de los años.

106 La verdadera riqueza

No te complazcas en el hecho de que ganas mucho dinero o que podrías ganarlo. **El afecto incondicional de tus amigos** y conocidos tiene mucho más valor que una abultada cuenta corriente.

Evita el despilfarro 107

Plantéate cuánto dinero llegamos a gastar en cosas que verdaderamente no necesitamos: ese café en la máquina del trabajo que en realidad no nos apetecía, las palomitas del cine, que sólo las compramos porque se ha convertido en una costumbre, o el CD, que podíamos haber pedido prestado un amigo porque desde el principio no estábamos seguros de que nos llegara a gustar. Te sorprenderá descubrir lo mucho que engordaría nuestra hucha si **prescindiéramos de todos estos gastos** aparentemente insignificantes.

Te sorprenderá descubrir lo que engordarían tus ahorros si prescindieras de esos gastos aparentemente insignificantes

No te precipites 108

Procura tener siempre presente el principio de la lentitud, también en tu relación con el dinero. No es necesario liquidar la nómina el mismo día que nos la ingresan en nuestra cuenta. **Plantéate cuánto tiempo y esfuerzo te ha costado reunir esa suma**.

109 Practica la austeridad

Para el mes próximo fíjate como objetivo reducir de forma significativa tus gastos generales. Una buena opción es emplear tu tiempo de ocio en actividades gratuitas. Visita un museo el día de puertas abiertas, organiza una partida de badminton en un parque público o sustituye la habitual comida en el restaurante por una barbacoa en una zona de picnic.

Practica la mesura

110

Cuando vayas a hacer la compra al supermercado, coge sólo lo que realmente necesitas. Si en tu casa viven sólo dos personas, no es necesario comprar para diez.

111 Organízate

Establece una fecha fija al mes para ocuparte de tus asuntos económicos. Ese día deberás revisar todos los cargos y facturas, de este modo ya no tendrás que preocuparte de haber olvidado un par de recibos sin abrir en el asiento trasero del coche. **¡Ahorrarás una gran cantidad de tiempo!**

Sé generoso 112

No gastes sólo en ti mismo, sino también en los demás. Cuando lo hagas, no pienses sólo en obras de caridad, sino también en todas aquellas personas que significan mucho para ti. Regala un billete de avión a un amigo que vive lejos para que venga a visitarte y acudir juntos a un concierto. Te sentirás inmensamente rico.

113 Date un capricho

Concédete un premio cada vez que consigas reservar veinte minutos para dar un paseo, si has comido mucha verdura o si has dejado de fumar. Recompénsate metiendo unos cuantos euros en una hucha y muy pronto podrás comprarte ese perfume que tanto te gusta.

Recompénsate comprando
ese perfume
que tanto te gusta

114 Busca el equilibrio

A ntes de comenzar una vida en común con tu pareja, averigua cuál es vuestra relación con el dinero. Si uno de los miembros da especial importancia a la seguridad económica y al ahorro mientras el otro se comporta de forma más desprendida, **las discusiones están aseguradas**… y quizás también el fin de la relación.

Aquellas pequeñas cosas 115

Incluso los que prefieren una vida sencilla necesitan darse un lujo de vez en cuando, ya que algunos placeres aparentemente superficiales tienen la capacidad de proporcionarnos un enorme bienestar. Aquellos que se preocupan sólo de mantener encendida la llama de la habitación en la que se encuentran en ese momento, merecen ser considerados avaros.

116 Ponte al día

No dejes nunca de formarte profesionalmente. Ésta será tu mejor baza la próxima vez que negocies un aumento de sueldo, pues te permitirá argumentar que los nuevos conocimientos adquiridos **supondrán un beneficio** adicional a la empresa.

La auténtica abundancia 117

Analiza qué cosas podrían revitalizar tu alegría de vivir: ¿qué ocupaciones te hacían sentir libre e independiente en el pasado? ¿Cuáles son las actividades que te gusta llevar a cabo en soledad? ¿Qué tareas te divertían más en la infancia? Estas reflexiones no están pensadas para sumirte en la nostalgia, sino para ayudarte a averiguar cómo **recuperar las energías aquí y ahora**. Al fin y al cabo, el dinero no sirve de nada si el espíritu está hambriento.

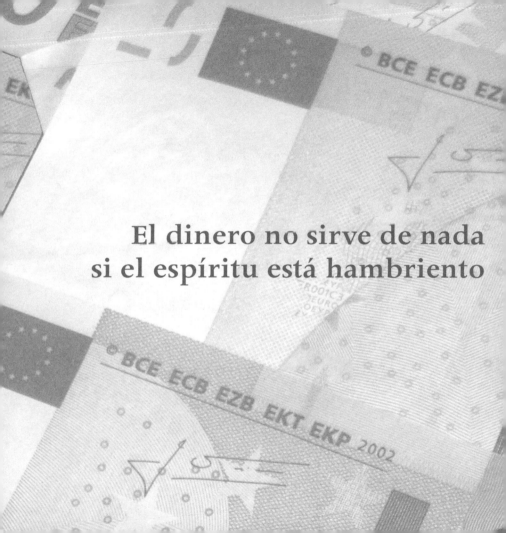

El dinero no sirve de nada
si el espíritu está hambriento

Rompe con la rutina

«El secreto de la felicidad es simple: Averigua qué es lo que te gusta hacer y dirige todas tus energías hacia ello. Haciendo esto, la abundancia iluminará tu vida y todos tus deseos se cumplirán sin esfuerzo.»

ROBIN S. SHARMA

El valor de la experiencia 118

¿**N**ecesitas desconectar? Si ni siquiera en la sauna consigues encontrar la calma, visita a algún anciano de tu barrio y escucha atentamente sus historias y anécdotas, todas ellas fruto de una larga experiencia vital. Descubrirás la sabiduría que se esconde tras sus palabras y aprenderás a valorar tus problemas en su justa medida.

119 En sintonía con la naturaleza

Compra un gran macetero de cerámica, planta diferentes tipos de hierbas aromáticas y después, simplemente, regálaselo a un amigo.

Planta diferentes
tipos de hierbas
aromáticas

120 Haz una pausa

Si te despiertas en mitad de la noche y las preocupaciones te impiden conciliar de nuevo el sueño, ha llegado el momento de pasar un largo fin de semana en la playa y dejar el teléfono móvil en casa.

Márcate
tus propios retos
121

Aunque tu amigo con el que compartes la afición al footing consiga superar semana tras semana su marca personal, no permitas que sus logros te impresionen y **mantente fiel a tu programa de entrenamiento.**

122 Tómate un respiro

Cuando la cantidad de compromisos sociales con amigos y familiares se vuelve excesiva, no te inventes excusas para no quedar con ellos. Sé sincero y diles que te encuentras en un período en el que necesitas un poco más de tranquilidad.

Redescubre la lentitud 123

Si eres de esas personas que se ponen nerviosas cuando no tienen nada urgente que hacer, imagina que fueras una tortuga que descansa sobre un tronco que flota en el agua o un gato que pasa las horas delante del radiador. Si lo deseas, siempre puedes aprovechar para limpiar los objetos de plata, pero eso sí, con mucha calma.

124 Aprende a negociar

Si odias pasar las vacaciones en un apartamento, pero a tu pareja le encanta porque disfruta de la sensación de sentirse a su aire, intentad llegar a un acuerdo. Esta vez saldréis a comer fuera al menos en cinco ocasiones y la próxima reservaréis plaza en un hotel.

Huye de las comparaciones 125

Si tu compañero de trabajo planea pasar sus vacaciones en las islas Mauricio y tú en cambio volverás a la típica ciudad costera, no te dejes impresionar. Aunque en principio su viaje pueda parecer más interesante, mantente fiel a tu decisión. Sólo tú conoces el porqué de tu elección.

126 Arriésgate

La forma más rápida de romper con la rutina es hacer algo que se aleje de lo habitual. Decántate por un plan de choque: iníciate en un deporte que nunca pensaste que fuera para ti o ve a hacer la compra en una tienda en la que jamás habías entrado.

Desconecta 127

Cuando no estás trabajando, procura mantener apagado el ordenador. El pasarse las horas muertas navegando por internet no ayuda mucho a descansar. Es preferible salir al campo a recoger un ramo de flores silvestres o, si está lloviendo, ve un documental sobre un país lejano.

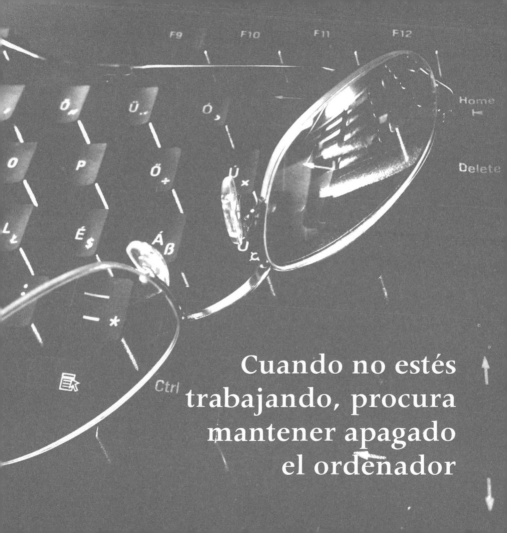

Cuando no estés
trabajando, procura
mantener apagado
el ordenador

Mantén la calma 128

Si cuando estás a punto de iniciar tus vacaciones te encuentras con que tu avión tiene retraso o te has quedado atrapado en un atasco, no pierdas los estribos y saca un emocionante libro de intriga de tu bolsillo. El tiempo de espera se pasará en un abrir y cerrar de ojos y además no empezarás el viaje bañado en sudor. Al fin y al cabo, en la mayor parte de los casos no puedes hacer nada para cambiarlo.

129 Sigue tu instinto

En el momento de planear las vacaciones, escucha tu corazón y decide qué es lo que realmente te hace falta. Aquellos que viven en un estado permanente de tensión, deberían pasar dos o tres semanas en un convento o reservar una estancia en un lugar cercano con una oferta limitada de actividades de ocio. Otra manera de recobrar energías es quedarse en casa, visitar el spa de un hotel de lujo, llenar la terraza de plantas o dedicarse en cuerpo y alma a la preparación de todo tipo de ensaladas, zumos y platos vegetarianos.

Menos es más 130

La próxima vez que salgas de vacaciones deja en casa las maletas grandes. Es preferible coger dos pequeñas, o mejor aún, una única y manejable maleta de ruedas que te permita moverte con total libertad. **Los viajes son más divertidos si los afrontamos libres de cargas**.

131 Aprende a decir basta

Nunca renuncies a unas vacaciones o unos días de reposo sólo porque piensas que si lo haces nunca conseguirás deshacerte de la montaña de trabajo que te espera. **El descanso es tan importante como cualquier otra cosa.** Si al final acabas enfermando por culpa del estrés, algún otro tendrá que hacerse cargo de tus obligaciones.

Los viajes son más divertidos si los afrontamos libres de cargas

132 Tómatelo con calma

Si los nervios te consumen, evita salir de viaje el primer día de vacaciones, y mucho menos la tarde misma en que acabas de trabajar. Generalmente los preparativos de un período vacacional suelen ser muy estresantes: siempre es preferible hacer las maletas con algo más de calma y aplazar la partida un par de días.

Una fructífera pausa

133

De vez en cuando tómate un día de descanso entre semana y no hagas nada que pudiera ser considerado una obligación. La auténtica sensación de bienestar sólo es posible cuando nos libramos por completo de las imposiciones.

134 *Il dolce far niente*

Ten siempre presente una cosa: la ociosidad es el primer paso hacia el ingenio. Teniendo en cuenta que la creatividad está reñida con la rutina, actúa en consecuencia y apunta en tu calendario la próxima vez que te dedicarás a no hacer nada.

Relájate 135

En tus ratos libres olvídate de regirte por el principio de productividad. En vez de eso **dedícate al cultivo de zanahorias** o lija un armario con tus propias manos.

136 El placer de la calma

L as prisas se han convertido en una costumbre. No te dejes atosigar ni pretendas hacer más de una cosa a la vez. En tu tiempo libre no tienes que demostrar nada a nadie.

Poco a poco 137

Hagas lo que hagas concéntrate en el proceso y no en los resultados, incluso cuando practicas un deporte. De este modo no sólo regeneraras el cuerpo, sino también la mente y el espíritu.

138 Tú y sólo tú

No compares tus vacaciones con las de tus amigos y compañeros de trabajo. Cada uno es diferente y además, no siempre nos cuentan toda la verdad.

En tu tiempo libre
no tienes que demostrar
nada a nadie

Otros títulos de **Vital**

Mensajes con amor
Susan Jeffers

Este libro nos ofrece una colección de afirmaciones positivas
para la práctica diaria que nos permitirán eliminar miedos
y temores y afrontar cualquier situación con serenidad.
A través de ellas podemos reeducar nuestra mente, eliminar
de ella toda la negatividad que nos mantiene prisioneros
y nos impide liberar nuestro potencial para crearnos a
nosotros mismos y vivir la vida que deseamos y merecemos.

Pídeselo al Universo
Bärbel Mohr

Un manual para aprender a interpretar las señales que nos
envía el Universo. Cada vez hay más personas que perciben
con toda claridad la voz de su intuición. Para poder escuchar la voz interior resulta suficiente con un poco de entrenamiento, recostarse unos minutos, respirar adecuadamente
y percibir el propio ser y el contacto con el Universo. Porque si uno es feliz, puede tenerlo todo y no necesitar nada.

Otros títulos de **Vital**

Felicidad es...
Margaret Hay

Sumérgete en las pequeñas páginas de este libro, en él encontrarás reflexiones que te acogerán, tranquilizantes. Tómate tu tiempo. Coge el libro, cierra los ojos, respira y ábrelo al azar por cualquier parte, vuelve a abrir los ojos, lee con atención y tómalo como punto de partida. Te ayudará en tus decisiones. Muchos buscan la felicidad sin saber que ésta se construye día a día, minuto a minuto, disfrutando de todo lo que se nos presenta en cada instante.

Disfruta el momento
Raphael Cushnir

Sucede, muchas veces, que ante situaciones difíciles, nos encerramos en nuestro propio caparazón y nos blindamos al exterior. En ese momento perdemos buena parte de la energía que nos permite crecer y madurar como seres humanos. Para evitar estas situaciones este libro nos enseña de qué modo volver a disfrutar de la vida y del entorno que nos ha tocado vivir.